GRAMMAIRE

DE L'ENFANCE.

IMPRIMERIE DE FAIN.

GRAMMAIRE

DE

L'ENFANCE,

CONTENANT

LES PRÉMIERS ÉLÉMENS DE LA LANGUE FRANÇAISE;

PAR YVES BASTIOU,

Auteur de la Grammaire de l'Adolescence.

QUATRIÈME ÉDITION.

PRIX : 75 centimes, reliée en parchemin.

A PARIS,

CHEZ { L'AUTEUR, au lycée Impérial, rue Saint-Jacques.

BRUNOT-LABBE, libraire de l'Université impériale, quai des Augustins, n°. 33.

1815.

PRÉFACE.

Il y a près d'un siècle que le judicieux Rollin, l'un des hommes les plus instruits dans l'art d'enseigner, a dit que les études doivent commencer par celle de la langue maternelle. La plupart des instituteurs s'étoient bornés, jusqu'à nos jours, à convenir de cette maxime incontestable; nos meilleures écoles se sont enfin décidées à la suivre dans la pratique. Pour la faciliter à tous ceux qui sont chargés de l'éducation de l'enfance, je leur ai offert en 1801 cette petite Grammaire. Elle est extraite de celle de l'*Adolescence,* répandue aujourd'hui dans tout l'Empire Français, et généralement goûtée par les maîtres et les étudians.

Cette édition est rédigée avec tant de soin, que l'enfant peut, sans interrogateur, et en supprimant, si on le veut, toutes les questions, faire l'exposition claire et précise des premiers élémens de notre langue, en n'apprenant que les réponses aux demandes contenues dans l'ouvrage.

Je n'ai point prétendu travailler uniquement pour les Français. Cet opuscule peut être mis utilement entre les mains des étrangers qui voudront apprendre la langue que la politique et le commerce ont rendue commune à toute l'Europe; ils y trouveront cette simplicité, cette clarté et cette précision qui leur conviennent, même dans l'âge fait, au-

tant qu'à nos enfans, et qu'ils cher-
cheroient en vain dans nos prolixes
Grammaires.

Je crois aussi devoir observer qu'en
enseignant d'abord le français à nos
enfans, on leur facilite l'intelligence
des autres langues, soit mortes, soit
vivantes, parce que les différences
d'une langue à l'autre, ne sont, pour
ainsi dire, que superficielles; elles
tiennent à celles des temps, des
mœurs et des intérêts, qui, variant
sans fin, laissent toujours subsister le
même fonds.

On ne doit pas non plus craindre
de parler aux enfans des premiers
élémens de cette logique naturelle,
qui dirige secrètement, mais irrésis-
tiblement, les esprits droits, dans
l'enfance comme dans l'âge mûr. Ils

conçoivent aisément que les paroles sont des signes qui représentent les choses qui sont dans l'âme, et que nos discours sont comme une peinture de nos pensées. Je pourrois citer plusieurs maisons d'éducation, où des enfans de huit à dix ans, connoissent les diverses opérations de l'entendement humain, et toute la valeur des termes qui les expriment.

GRAMMAIRE

DE

L'ENFANCE.

~~~~~~~~~~~~~~~~~~~~~~~~~~~~~~~~~~~~~~

TITRE PREMIER.

Notions préliminaires.

Demande. Quelle est l'origine des langues?

Réponse. L'homme seul a reçu de la nature la faculté d'exprimer par la parole, ses idées et ses jugemens. Pour communiquer ainsi ses pensées à ses semblables, il a dû nécessairement convenir avec eux de certains signes propres à les manifester, et s'assujétir ensuite aux règles prescrites pour le langage : telle est l'origine des langues.

D. La langue primitive existe-t-elle encore?
~~~~~~~~~~~~~~~~~~~~~~~~~~~~~~~~~~~~~~

R. Tout nous porte à croire que les premiers hommes ont parlé la même langue, et que cette langue primitive s'est perdue.

D. Comment se divisent les langues ?

R. On divise les langues : 1°. *en langues mortes* et en *langues vivantes ;* 2°. en *langues mères* et en *langues dérivées.*

D. Quelles sont les *langues mortes ?*

R. Les *langues mortes* sont celles qu'aucun peuple ne parle plus, et qui ne subsistent que dans les auteurs, comme le grec et le latin.

D. Quelles sont les *langues vivantes ?*

R. Les *langues vivantes*, ou *vulgaires*, sont celles que des peuples parlent, comme le français, l'anglais, l'allemand, l'espagnol, l'italien.

D. Quelles sont les *langues mères ?*

R. On appelle *langues mères* celles qui ont donné naissance à d'autres langues, comme l'hébreu à l'égard de plusieurs langues orientales, et le latin à l'égard de l'italien, de l'espagnol et du français.

D. Quelles sont les *langues dérivées* ?

R. Les *langues dérivées* sont celles qui tirent leur origine d'une autre.

D. Quelle est la *langue maternelle* ?

R. La *langue maternelle* de chaque homme, est celle du pays où il est né.

D. Sur quelle science sont fondés les principes des langues ?

R. Toutes les langues sont fondées sur la *Logique.*

D. Qu'est-ce que la Logique ?

R. La Logique est l'*art de penser.* Cette science est la clef de toutes les autres; elle nous sert à connoître et à diriger nos pensées, comme la Grammaire nous apprend à les exprimer.

D. Qu'est-ce que la *Grammaire* ?

R. La Grammaire est l'*art de parler et d'écrire correctement.*

D. En quoi la Grammaire diffère-t-elle de la *Rhétorique* ?

R. La Grammaire est, à l'égard de la Rhétorique, *qui est l'art de persuader,* ce que les fondations sont à l'édifice : il faut avoir appris à parler correctement, avant d'aspirer à l'éloquence.

D. Quelle est la première Grammaire que chaque homme doit étudier ?

R. La raison veut que chacun sache au moins les élémens de sa langue maternelle avant de se livrer à l'étude d'une langue étrangère, soit morte, soit vivante.

D. Quel est l'objet de la Grammaire ?

R. Le *discours* est l'objet de la Grammaire qui en règle toutes les parties.

D. Qu'est-ce que le discours ?

R. Le discours est un assemblage de paroles propres à exprimer ce que l'on pense.

D. Comment est composé le discours ?

R. Il est composé de *phrases*.

D. Qu'est-ce que la *phrase ?*

R. La phrase (que les logiciens appellent *proposition*) est l'expression d'un jugement de l'âme qui affirme ou nie une chose d'une autre.

D. Comment se compose la phrase ?

R. La phrase se compose de mots ; la plus petite phrase a trois mots exprimés ou sous-entendus. Exemple : *Je réfléchis ; je suis raisonnable.*

D. Qu'est-ce que le *mot ?*

R. Le mot, proprement dit, est le signe d'une idée.

D. De quoi est composé le mot ?

R. Le mot est ordinairement composé de *syllabes.* Il y a des mots d'une seule syllabe ; on les appelle *monosyllabes.* Exemple : *mal, bien.*

D. Qu'est-ce que la syllabe ?

R. Toute syllabe est une partie de mot, qui se prononce par une seule émission de voix. Il y a deux syllabes dans le mot *vertu*, trois dans *équité*, quatre dans *humanité*, cinq dans *générosité....*

D. Comment est composée la syllabe ?

R. Presque toutes les syllabes ont plusieurs *lettres.*

D. Qu'est-ce qu'une *lettre ?*

R. La lettre est un caractère de l'*al-phabet*.

D. Qu'est-ce que l'*alphabet?*

R. L'alphabet est le recueil de toutes les lettres d'une langue, rangées selon l'ordre établi dans cette langue.

D. Chaque langue a-t-elle son alphabet?

R. (Oui); Chaque langue a son alphabet.

D. Combien y a-t-il de sortes de lettres?

R. Il n'y a point de langue qui ne contienne deux sortes de lettres, des *voyelles* et des *consonnes.*

D. Qu'est-ce que la *voyelle?*

R. La voyelle est une lettre qui peut former seule un son, comme: $a, e, i, o, u.$

D. Qu'est-ce qu'une *consonne?*

R. La consonne est une lettre qui ne forme un son qu'avec le secours des voyelles, comme: $b, c, d, f, g....$

D. En combien de parties peut-on diviser la Grammaire?

R. On peut diviser la Grammaire en

quatre parties ; la première traite de la *nature des mots;* la deuxième, de la *syntaxe;* la troisième, de la *prononciation;* la quatrième, de l'*orthographe.*

D. Quelle est la plus intéressante partie de l'art de parler ?

R. La connaissance exacte de la nature des mots, de leurs diverses espèces et de leur valeur, est ce qu'il y a de plus essentiel dans la Grammaire.

D. Que fait la *syntaxe?*

R. La syntaxe règle l'ordre et la construction des mots et des phrases.

D. Que fait la *prononciation?*

R. La prononciation détermine l'articulation, ou le son des lettres et des syllabes.

D. Que fait l'orthographe?

R. L'orthographe prescrit la manière d'écrire le discours et toutes ses parties.

D. Qu'est-ce que la langue française?

R. La langue française est la totalité des termes dont les Français se servent pour exprimer leurs pensées.

D. Quelles sont les qualités de cette langue ?

R. La langue française peut être regardée comme l'une des plus belles du monde. Elle est riche, féconde, et susceptible de tous les ornemens du discours.

TITRE II.

Des lettres françaises.

D. DE combien de lettres est composé l'alphabet français ?

R. L'alphabet français est composé de vingt-cinq lettres ;

a, b, c, d, e, f, g, h, i, j, k, l, m, n, o, p, q, r, s, t, u, v, x, y, z.

D. Quelles sont les voyelles de cet alphabet ?

R. Les voyelles de cet alphabet sont : a, e, i, o, u, y. Toutes les autres lettres sont consonnes.

D. Quelles sont les lettres féminines ?

R. Les lettres féminines sont : f, h, l, m, n, r, s. Les dix-huit autres sont masculines ; ainsi l'on dit : une *effe*, une *ache*, une grande *elle*, un *o*, un *bé*, un grand *dé*.

D. Quelles sont les lettres qui exigent une attention particulière ?

R. Il est nécessaire de connaître les divers sons de toutes les lettres, si l'on veut être exact dans la prononciation et l'orthographe ; l'*e* et l'*h* sont celles qui demandent le plus d'attention.

D. Combien y a-t-il de sortes d'*e* ?

R. Il y a trois sortes d'*e*, l'*e fermé*, l'*e ouvert* et l'*e muet*. Dans le mot *élève* le premier *é* est fermé, le second est ouvert, et le troisième est muet.

D. Combien y a-t-il de sortes d'*h* ?

R. Il y a deux sortes d'*h* ; l'*h muette* et l'*h aspirée*. L'*h* muette n'a aucun son, et ne sert guère qu'à marquer l'origine du mot, comme dans *homme*, *honneur*, *Athènes*, *Démosthènes*.

L'*h* aspirée se prononce du gosier, comme dans *héros*, *hasard*, *harpie*, le *Havre*.

D. Que faut-il observer sur la prononciation des consonnes ?

R. Les consonnes se prononcent presque toujours fortement devant les voyelles, surtout à la fin des mots.

~~~~~~

TITRE III.

Des syllabes longues et brèves.

D. Y a-t-il des syllabes longues et brèves ?

R. (Oui.) Il y a des syllabes longues et des syllabes brèves.

D. Quelles sont les syllabes longues ?

R. Les longues sont celles sur lesquelles on appuie plus long-temps, en les prononçant, comme dans les mots : *âge*, *enquête*, *îles*, *apôtres*, *usure*.

D. Quelles sont les syllabes brèves ?

R. Les brèves sont celles que l'on pro-
~~~~~~

nonce plus rapidement, comme dans ces mots : *amour, échelon, identité, odorat, usance.*

TITRE IV.

De la diversité d'orthographe dans les mots dont la prononciation est la méme.

D. Tous les mots s'écrivent-ils comme ils se prononcent ?

R. Tous les mots français ne s'écrivent pas comme ils se prononcent : il y aurait même beaucoup d'inconvéniens à assujétir toujours l'orthographe à la prononciation.

D. Pourquoi est-il bon d'écrire différemment des mots qui frappent également l'oreille ?

R. Il est bon d'écrire différemment des mots qui ont le même son : cela sert à conserver leur étymologie. Par exemple : on écrit *constance*, *vigilance*, par un *a*, parce qu'ils dérivent du latin *constantia*, *vigilantia*; et *clémence*, *prudence*, par un *e*, parce que ces mots tirent leur origine de *clementia*, *prudentia*.

D. Y a-t-il d'autres raisons de conserver l'orthographe actuelle ?

R. (Oni.) Ce n'est pas seulement pour indiquer l'étymologie des mots, qu'il est bon de conserver l'orthographe actuelle; plusieurs autres raisons nous y engagent; on doit surtout la respecter, parce qu'elle fût celle des meilleurs écrivains du plus beau siècle de la littérature française.

TITRE V.

Des caractères différens des lettres.

D. Les lettres sont-elles les seuls caractères employés dans l'orthographe française ?

R. Les lettres ne sont pas les seuls caractères employés dans l'orthographe française : elle prescrit de plus l'usage régulier de l'*accent*, de l'*apostrophe*, de la *cédille*, de la *parenthèse*, du *trait-d'union*, et du *tréma*.

D. Qu'est-ce que l'*accent* ?

R. L'accent est une petite marque qui se met sur certaines voyelles, soit pour en indiquer la prononciation, soit pour distinguer le sens d'un mot d'avec celui d'un autre mot qui s'écrit de même.

D. Combien y a-t-il de sortes d'accens ?

R. Il y a trois accens, l'*aigu* (´), le *grave* (`` ` ``), et le *circonflexe* (ˆ).

D. Où faut-il placer les accens qui indiquent la prononciation ?

R. L'accent aigu se place sur les *é* fermés, l'accent grave sur les *è* ouverts, et l'accent circonflexe sur la plupart des voyelles longues. Les trois accens sont employés dans cette phrase : *Rien n'arrête les progrès d'une passion indomptée.*

D. Quels sont les accens qui servent à distinguer le sens des mots?

R. L'accent grave et l'accent circonflexe sont les seuls qui servent à marquer la différence de signification des mots qui s'écrivent et se prononcent de la même manière, comme dans ces phrases : *Pierre a dit à Paul. — La vérité est là. — Ou vous irez où le devoir vous appelle*, ou *vous périrez. — Il est dû des éloges à la conduite du général; il est sûr de l'emporter sur l'ennemi.*

D. A quoi sert l'apostrophe ? (')

R. L'apostrophe sert à marquer l'élision ou le retranchement d'une voyelle qu'on ne saurait prononcer sans blesser l'oreille, comme dans ces mots : l'*âme*, l'*homme*, au lieu de *la âme*, *le homme.*

D. Qu'est-ce que la cédille ? (،)

R. La cédille est une petite marque en forme de c, tournée de droite à gauche, qu'on met sous le *c*, devant *a*, *o*, *u*, pour avertir qu'il doit avoir le son de l'*s*, comme dans ces mots : *Français, façon, reçu.*

D. A quoi sert la parenthèse? ( )

R. La parenthèse sert à renfermer quelques mots dont le sens est distinct de celui de la phrase où ils sont insérés, comme dans celle-ci : *J'ai conseillé à mes amis (disait un sage du dernier siècle), de désirer peu de chose, et de désirer peu ce qu'ils désireraient.*

D. Où se met le *trait-d'union ?* (–)

R. Le trait-d'union a deux usages : 1°. il se met entre deux ou plusieurs mots tellement joints qu'ils n'en font plus qu'un, comme *avant-coureur, arrière-garde, lettre-de-change.* 2°. Il se met aussi entre quelques mots distincts, mais transposés dans la construction de la phrase, comme dans celle-ci : *Parlerai-je ? Agirez-vous ? Notre ami nous secondera-t-il ? Réussirons-nous ? Songez-y.*

D. Où se met le *tréma*, et quand faut-il s'en servir ?

R. Le tréma ne se place que sur l'une

des voyelles *e*, *i*, *u*, et seulement quand cette voyelle forme seule une syllabe qui ne doit pas s'unir à une autre dans la prononciation, comme dans ces mots : *poëte*, *naïf*, *cigüe*.

TITRE VI.

De la Ponctuation.

D. Qu'est-ce que la ponctuation ?

R. La ponctuation est l'art de distinguer les phrases les unes des autres par des *points*, et les divers membres de phrases par des *virgules*.

D. Combien y a-t-il de sortes de points ?

R. Il y a trois sortes de points : le point simple (.), le point interrogatif (?), et le point d'exclamation (!).

D. Que marque le point seul ?

R. Le point seul marque la fin de toute phrase dont le sens est parfaitement complet.

D. Où se met le point interrogatif ?

R. Le point interrogatif se met à la fin des interrogations et des demandes. Exemple : *Serez-vous sage ?*

D. Où se met le point d'exclamation ?

R. Le point d'exclamation se met à la fin des phrases qui expriment l'admiration, l'étonnement, la joie, la douleur.... Exemple : *Le beau ciel !*

D. A quoi sert la virgule seule ?

R. La virgule seule sert à distinguer les mots ou les membres de la phrase qui se suivent sans être parfaitement liés. Exemple : *L'homme vertueux est sincère, équitable, humain.*

D. A quoi sert la virgule avec le point ?

R. La virgule avec le point se met entre deux phrases dont l'une dépend de l'autre. Exemple : *Il y a du mérite à éviter le mal ; mais il y en a davantage à faire le bien.*

D. Quand faut-il mettre deux points ?

R. On met deux points entre deux

phrases, dont la seconde sert à expliquer ou à étendre la première. Exemple : *Il faut, autant qu'on le peut, vivre en paix avec tout le monde : car toutes les dissensions sont contraires au bonheur.*

~~~~~~~~~~~~~~~~~~~~~~~~~~~~~~~~~~

TITRE VII.

Nomenclature et définitions des parties du discours.

D. COMBIEN y a-t-il d'espèces de mots qui expriment nos pensées ?

R. Il y a neuf espèces de mots que l'on appelle les parties du discours : le *nom substantif*, l'*adjectif*, le *pronom*, le *verbe*, le *participe*, l'*adverbe*, la *préposition*, la *conjonction*, et l'*interjection*.

D. Qu'est-ce que le *nom substantif?*

R. Le nom substantif est un mot qui sert à nommer une personne ou une chose, considérée en elle-même. Tels sont : *Adam, Paris, maison, jardin.*
~~~~~~~~~~~~~~~~~~~~~~~~~~~~~~~~~~

D. Qu'est-ce que l'*adjectif?*

R. L'adjectif est un mot que l'on ajoute au nom substantif pour signifier la qualité de la personne ou de la chose dont on parle. Tels sont : *bon*, *grand*, *vaste*, *agréable*.

D. Qu'est-ce que le *pronom?*

R. Le pronom est un mot qui se met à la place du nom. Tels sont : *moi, toi, lui, eux, elles.*

D. Qu'est-ce que le *verbe?*

R. Le verbe est un mot qui exprime le jugement, c'est-à-dire, cette pensée de l'esprit qui affirme ou nie une chose d'une autre. Tels sont : *étre, aimer, jouir, se repentir, pleuvoir.*

D. Qu'est-ce que le *participe?*

R. Le participe est un mot qui tient du verbe et de l'adjectif. Tels sont : *aimant, aimé, punissant, puni, recevant, reçu, rendant, rendu.*

D. Qu'est-ce que l'*adverbe?*

R. L'adverbe est un mot qui se joint

ordinairement au verbe, ou à l'adjectif, pour exprimer les manières d'être et d'agir, ou des circonstances. Tels sont : *parfaitement, peu, beaucoup, ici, là, aujourd'hui, demain.*

D. Qu'est-ce que la *préposition ?*

R. La préposition est un mot qui marque le rapport des personnes ou des choses entr'elles. Tels sont : *à, de, par, pour, contre.*

D. Qu'est-ce que la *conjonction ?*

R. La conjonction est un mot qui sert à lier deux phrases, ou les membres de la même phrase. Tels sont : *car, et, mais, puisque, si, que.....*

D. Qu'est-ce que l'*interjection ?*

R. L'interjection est un mot qui exprime un élan ou un mouvement subit de l'âme, comme l'admiration, la joie, la douleur. Tels sont : *ho ! ha ! hélas !*

TITRE VIII.

Des variations et de l'invariabilité de certains mots.

D. Sous combien de *genres* sont rangés les mots français ?

R. Il y a deux genres, le *masculin* et le *féminin*. Exemple : *Le père, la mère, le jardin, la maison.*

D. Combien y a-t-il de *nombres ?*

R. On distingue deux nombres, le *singulier* et le *pluriel.* Le singulier ne convient qu'à une seule personne, ou à une seule chose ; le pluriel convient à plusieurs : *le frère, les sœurs.*

D. Qu'est-ce que l'*article ?*

R. L'article est un petit mot qui sert à indiquer le genre et le nombre des noms ou pronoms devant lesquels on le met.

D. Combien y a-t-il d'articles proprement dits ?

R. La langue française n'a proprement que trois articles, *le*, *la*, *les*. *Le* se met devant le nom ou pronom masculin au singulier; *la* devant le féminin au singulier; *les* devant le pluriel des deux genres. Exemple, *le père*, *la mère*, *les frères*, *les sœurs*.

D. Qu'est-ce qu'un mot *invariable*?

R. Nous appelons *invariables*, les mots qui s'écrivent et se prononcent toujours de la même manière, quel que soit le genre ou le nombre de ceux auxquels ils ont rapport. Tels sont : l'*adverbe*, la *préposition*, la *conjonction*, l'*interjection* et certains participes.

TITRE IX.

De la formation du pluriel.

D. QUELLE est la règle générale pour former le pluriel des noms, des adjectifs, des pronoms et des participes ?

R. Le pluriel des noms, des adjectifs, des pronoms et des participes se forme ordinairement par l'addition d'une *s* à la fin de ces mots au singulier. Exemple : *le vin, les vins ; la table, les tables ; le saint, les saints.*

Cette règle souffre plusieurs exceptions.

D. Les noms terminés au singulier par *s, x, z,* changent-ils au pluriel ?

R. Les noms terminés au singulier par *s, x, z,* ne changent point au pluriel. On écrit et on prononce : le *fils*, les *fils ;* la *voix*, les *voix ;* le *nez*, les *nez.*

D. Comment se terminent au pluriel la plupart des noms en *al* et en *ail* ?

R. La plupart des noms en *al* et en *ail*, se terminent au pluriel en *aux ;* comme *animal, animaux ; soupirail, soupiraux.*

D. Quelle lettre faut-il ajouter aux mots en *eau, eu, ou,* pour former le pluriel ?

R. Pour former le pluriel de la plupart des mots qui ont le singulier en *eau, eu, ou,* comme *bateau, feu, caillou,* on y ajoute un *x*; *bateaux*, *feux*, *cailloux*.

(Voyez les exceptions dans la *Grammaire de l'Adolescence*.)

D. Quel est le pluriel de *ciel, œil, aïeul?*

R. Le pluriel de *ciel, œil, aïeul*, est *cieux, yeux, aïeux*.

D. Qu'y a-t-il à observer sur les mots empruntés du latin et de l'italien ?

R. Les mots empruntés du latin et de l'italien, tels que *déficit, impromptu, forté-piano, opéra*, sont invariables, et doivent par conséquent s'écrire au pluriel comme au singulier.

TITRE X.

Des noms.

D. Combien y a-t-il d'espèces de noms ?

R. On distingue six espèces de noms : *noms propres, noms communs, noms collectifs, noms partitifs, noms de nombre et noms composés.*

D. Qu'est-ce que le *nom propre?*

R. Le nom propre est celui qui ne convient qu'à une seule personne ou à une seule chose. Tels sont : *Pierre, Paul, Rome.*

La lettre initiale de chaque nom propre doit être majuscule.

D. Qu'est-ce que le *nom commun?*

R. Le nom commun est celui qui convient à toutes les personnes, ou à toutes les choses de la même espèce. Tels sont : *homme, cheval, arbre, rose, terre, argent.*

D. Qu'est-ce que le *nom collectif?*

R. Le nom collectif est celui qui désigne plusieurs personnes, ou plusieurs choses, quoiqu'il soit au singulier. Tels sont : *peuple, armée, assemblée.*

D. Qu'est-ce que le *nom partitif?*

R. Le nom partitif est celui qui n'exprime qu'une partie d'un tout. Tels sont : *plusieurs, beaucoup de, peu de, la plupart.....*

D. Qu'est-ce que le *nom de nombre ?*

R. Le nom de nombre est celui qui marque la quantité de tout ce qui peut être mesuré ou nombré.

D. Combien y a-t-il d'espèces de noms de nombre ?

R. Il y a quatre espèces de noms de nombre : les *cardinaux*, les *collectifs*, les *distributifs* et les *multiplicatifs*.

D. Quels sont les *noms de nombre cardinaux?*

R. Les noms de nombre cardinaux sont ceux qui servent à compter. Tels sont : *un, deux, trois, quatre, cinq, six, sept, huit, neuf, dix, onze, douze, treize, quatorze, quinze, seize, dix-sept, dix-huit, dix-neuf, vingt, trente, quarante, cinquante, soixante, soixante-dix, quatre-vingts, quatre-vingt-dix, cent, mille, million, milliard.*

D. Quels sont les *noms de nombre collectifs?*

R. Les noms de nombre collectifs sont

ceux qui marquent assemblage de plusieurs nombres, comme : une *douzaine*, une *ving-taine*, un *millier*.

D. Quels sont les *noms de nombre dis-tributifs ?*

R. Les noms de nombre distributifs sont ceux qui expriment les parties d'une plus grande quantité, comme : *la moitié*, *le tiers*, *le quart*.

D. Quels sont les *noms de nombre mul-tiplicatifs ?*

R. Les noms de nombre multiplicatifs sont ceux qui servent à multiplier, comme : *le double*, *le triple*, *le quadruple*, *le cen-tuple*.

D. Qu'est-ce que le *nom composé ?*

R. Le nom composé est celui qui est formé de deux ou plusieurs mots tellement joints qu'ils n'expriment qu'une seule per-sonne, ou une seule chose. Tels sont : *chef-lieu*, *grand-oncle*, *petit-neveu*, *chef-d'œuvre*, *flûte-à-bec*, *entre-sol*, *passe-port*, *passe-partout*, *va-nus-pieds*.

TITRE XI.

Des adjectifs.

D. L ES adjectifs peuvent-ils être des deux genres et des deux nombres ?

R. Les adjectifs étant destinés à exprimer la qualité des personnes et des choses, on peut les joindre aux noms substantifs, soit masculins, soit féminins, tant au singulier qu'au pluriel.

D. N'y a-t-il pas plusieurs adjectifs qui n'ont point de pluriel au masculin ?

R. Beaucoup d'adjectifs en *al*, comme : *fatal*, *frugal*, *jovial*, *naval*, manquent de pluriel masculin. On dit : *un homme frugal*, *une femme frugale*, des tables *frugales* ; mais on ne peut pas dire des hommes *frugaux*.....

D. Le féminin est-il semblable au masculin dans les adjectifs terminés par un *e* muet ?

R. (Oui.) Le féminin est semblable au

masculin dans les adjectifs terminés par un e muet ; ainsi l'on dit : *un jeune homme sage*, *une femme sage* ; *un cœur tendre* ; *une tendre amitié.*

D. Quelle est la règle pour la formation du féminin dans les adjectifs ?

R. Le féminin des adjectifs se forme ordinairement en ajoutant un *e* muet au masculin. *Premier*, *première* ; *second*, *seconde* ; *vrai*, *vraie* ; *prudent*, *prudente.*

Cette règle s'applique aux participes qui tiennent lieu d'adjectifs. Tels que : *agréé*, *agréée* ; *reçu*, *reçue.* (Voyez les exceptions dans la *Grammaire de l'Adolescence*).

D. Combien y a-t-il de règles à observer sur l'accord des adjectifs avec les noms ?

R. Il y a quatre règles à observer sur l'accord des adjectifs avec les noms.

1°. L'adjectif est toujours du même genre et du même nombre que le nom auquel il se rapporte. Exemple : *Législateurs humains* ; *philosophie sensée* ; *de bons magistrats* ; *de bonnes lois.*

2°. L'adjectif qui se rapporte à deux ou plusieurs noms singuliers, se met au pluriel. Exemple : *Le négociant et l'artisan sont utiles à la patrie.*

3°. L'adjectif se met ordinairement au masculin, lorsqu'il se rapporte à des noms de différens genres. Exemple : *Mon frère et ma sœur sont heureux.*

4°. Lorsqu'un adjectif suit immédiatement plusieurs noms de choses inanimées et de divers genres, il s'accorde avec le dernier. Exemple : *Pieds et tête nue ; tête et pieds nus ; habit et veste noire.*

TITRE XII.

Des degrés de signification dans les adjectifs.

D. Combien distingue-t-on de degrés de signification dans les adjectifs ?

R. On distingue trois degrés de signification dans les adjectifs : *le positif, le comparatif, le superlatif.*

D. Qu'est-ce que le *positif?*

R. Le positif est l'adjectif seul, ou sans comparaison, comme *juste*, *savant*, *complaisant.*

D. Qu'est-ce que le *comparatif?*

R. Le comparatif est l'adjectif avec comparaison, comme : *plus juste*, *aussi savant*, *moins complaisant.*

D. Combien y a-t-il de comparatifs ?

R. Il y a trois comparatifs, celui de *supériorité*, celui d'*égalité*, et celui d'*infériorité*. *Plus*, devant l'adjectif, marque la supériorité ; *aussi*, l'égalité ; *moins*, l'infériorité.

D. Qu'est-ce que le *superlatif?*

R. Le superlatif est l'adjectif porté à un degré suprême, comme : *très-juste*, *fort savant*, *bien complaisant*, *le plus doux*, *le plus sobre....*

D. Combien y a-t-il de superlatifs ?

R. Il y a deux superlatifs : le superlatif *absolu* et le superlatif *relatif*. Le superlatif est *absolu*, quand il n'exprime aucune

comparaison, comme dans cette phrase :
Alexandre fut un très-grand capitaine....
Le superlatif est *relatif*, quand il est au degré le plus élevé, comme dans cette phrase :
Titus fut le plus grand ennemi des délateurs.

TITRE XIII.

Des Pronoms.

D. Combien y a-t-il d'espèces de pronoms ?

R. Il y a six espèces de pronoms : les *personnels*, les *possessifs*, les *démonstratifs*, les *relatifs*, les *interrogatifs*, et les *indéfinis*.

D. Quels sont les pronoms personnels ?

R. Les pronoms personnels sont ceux qui désignent les personnes. Tels sont : *moi, toi, lui, elle, nous, vous, eux, elles.*

D. Quels sont les pronoms possessifs ?

R. Les pronoms possessifs sont ceux qui marquent la propriété ou la possession d'une chose. Tels sont : *le mien, la mien-*

ne, *le tien, la tienne, le nôtre, le vôtre, la vôtre, le leur, la leur.*

D. Quels sont les pronoms démonstratifs?

R. Les pronoms démonstratifs sont ceux qui servent à montrer la personne ou la chose dont on parle. Tels sont : *ce, cet, cette, celui-ci, celle-ci, celui-là, celle-là.*

D. Quels sont les pronoms relatifs?

R. Les pronoms relatifs sont ceux qui ont rapport à un nom précédent. Tels sont : *lequel, laquelle, lesquels, lesquelles, qui, que, dont, quoi.*

D. Quels sont les pronoms interrogatifs?

R. Les pronoms interrogatifs sont ceux qui servent à interroger. Tels sont : *quel, quelle, qui, que,* dans ces phrases : *Quel est cet homme? Quelle est votre opinion? Qui vous a si bien instruit?*

D. Quels sont les pronoms indéfinis?

R. Les pronoms indéfinis sont ceux qui expriment des objets indéterminés. Tels sont : *chacun, quelqu'un, quelque, chaque, nul, aucun, qui que, quoi que.*

TITRE XIV.

Des verbes.

D. Que faut - il considérer dans les verbes ?

R. On considère dans les verbes huit choses : les nombres, les personnes, les temps, les modes, le sujet, le régime, les diverses espèces et les conjugaisons.

1. *D.* Y a-t-il deux nombres dans les verbes comme dans les noms ?

R. (Oui); Il y a deux nombres dans les verbes comme dans les noms, le singulier et le pluriel. Exemple : *Je lis, nous lisons ; tu lis, vous lisez ; il lit, ils lisent.*

2. *D.* Combien y a-t-il de personnes dans chaque nombre ?

R. Chaque nombre a ordinairement trois personnes ; la première est celle qui parle, la seconde est celle à qui l'on parle, la troisième est celle de qui l'on parle.

3. *D.* Que sont les *temps*, en terme de grammaire ?

R. Les *temps*, en terme de grammaire, sont les inflexions diverses qui marquent dans les verbes, à quel temps il faut rapporter ce que l'on dit.

D. Quels sont les temps principaux ?

R. Il y a trois temps principaux, le *présent*, le *prétérit*, et le *futur*.

D. Que marque le présent ?

R. Le présent marque que la chose est ou se fait présentement, comme : *je pense ; vous méditez ; il agit.*

D. Que marque le prétérit ?

R. Le prétérit, ou passé, marque que la chose a existé, ou qu'elle a été faite, comme : *j'ai écrit ; nous avons parlé.*

D. Que marque le futur ?

R. Le futur marque que la chose sera ou se fera, comme : *Vous serez heureux ; nos amis réussiront.*

D. Combien y a-t-il de prétérits ?

R. Il y a cinq prétérits : *l'imparfait*, le

défini, l'*indéfini*, l'*antérieur* et le *plus-que-parfait*. Exemple : *j'étois, je fus, j'ai été, j'eus été, j'avois été.*

D. Combien y a-t-il de futurs ?

R. Il y a deux futurs, le *simple* et le *composé* ou *passé*. Exemple : *Je serai, j'aurai été.*

D. Quels sont les temps simples ?

R. Les temps simples sont ceux qui s'expriment par un seul mot, comme : *J'aime, j'aimerois, j'aimerai.*

D. Quels sont les *temps composés* ?

R. Les *temps composés* sont ceux qui sont formés de deux mots, dont le second est toujours le participe passé, comme : *j'ai aimé, j'aurois aimé.*

D. Quels sont les *temps primitifs* ?

R. Les *temps primitifs* sont ceux qui servent à en former d'autres. Tels sont, le participe passé, par rapport à tous les temps composés ; *aimer* par rapport à *j'aimerai, j'aimerois*, et plusieurs autres que l'on appelle dérivés.

4. *D.* Qu'est-ce que les grammairiens appellent *modes* ?

R. Les grammairiens appellent *modes* les différentes manières d'exprimer dans les verbes.

D. Combien de *modes* ont les verbes français ?

R. Les verbes français ont cinq *modes :* l'*indicatif*, le *conditionnel*, l'*impératif*, le *subjonctif* et l'*infinitif*.

D. Qu'est-ce que l'*indicatif* ?

R. L'indicatif est un mode qui exprime simplement que la chose est, ou qu'elle a été, ou qu'elle sera. Exemple : *Je travaille, j'ai travaillé, je travaillerai.*

D. Qu'est-ce que le *conditionnel* ?

R. Le conditionnel est un mode qui exprime que la chose seroit ou auroit été, moyennant une condition. Exemple : *Je croirois, j'aurois cru.... si.*

D. Qu'est-ce que l'*impératif* ?

R. L'impératif est un mode qui marque commandement, invitation ou prière,

Exemple : *Lisez, étudiez, instruisez.*

D. Qu'est-ce que le *subjonctif*?

R. Le subjonctif est un mode qui exprime qu'on souhaite, ou qu'on craint, ou qu'on doute, ou qu'il convient.... que la chose se fasse. Ce mode est toujours précédé d'un autre verbe avec lequel il est joint par la conjonction *que*, comme dans ces phrases: *Je désire que vous soyez heureux ; il est à craindre que vous ne réussissiez pas ; on doute que la paix se fasse ; il faudroit que vous fussiez plus attentif.*

D. Qu'est-ce que l'*infinitif*?

R. L'infinitif est un mode qui exprime l'action ou l'état de la chose, sans nombre ni personnes. Exemple : *Naître, vivre, mourir.*

5. *D.* Qu'est-ce que le *sujet du verbe*?

R. Le sujet ou le *nominatif* du verbe, est le mot qui signifie ce qui est, ou ce qui fait la chose qu'exprime ce verbe. Dans cette phrase : *le père aime son fils*, le mot *père* est le sujet du verbe *aime*.

6. *D.* Qu'est-ce que le *régime du verbe ?*

R. Le régime du verbe est le mot qui signifie le terme ou l'objet de l'action exprimée par le verbe. Dans la phrase déjà citée : *Le père aime son fils*, le mot *fils* est le régime du verbe *aime.*

D. Quel est le moyen le plus aisé de reconnoître le sujet et le régime du verbe ?

R. On reconnoît le sujet et le régime, en faisant avec le verbe ces deux questions :

Qui est-ce qui? Qu'est-ce que? La première indique le sujet, et la seconde le régime. Exemple : *Le père aime son fils. D.* Qui est-ce qui aime? *R.* Le père. *D.* Qu'est-ce que le père aime ? *R.* Le fils.

7. *D.* Quelles sont les diverses espèces de verbes ?

R. Tout verbe est *substantif*, ou *adjectif.*

D. Qu'est-ce que le *verbe substantif ?*

R. Le verbe substantif est celui qui marque l'existence. *Être* est le seul verbe substantif.

D. Qu'est-ce que le *verbe adjectif?*

R. Le verbe adjectif est celui qui marque la manière d'exister. Tous les verbes
sont adjectifs, excepté *être*.

D. Combien y a-t-il d'espèces de verbes
adjectifs ?

R. On distingue cinq espèces de verbes
adjectifs, l'*actif*, le *passif*, le *neutre*, le
pronominal et l'*impersonnel*.

D. Qu'est-ce que le *verbe actif* ?

R. Le verbe actif est celui qui exprime
une action dont l'objet est hors du sujet qui
en est le principe. Tels sont : *battre*, *vain-
cre*, *voir*, *connoître*, *aimer*.

D. A quelle marque reconnoît-on le
verbe actif ?

R. On reconnoît qu'un verbe est actif
quand on peut mettre après lui *quelqu'un*
ou *quelque chose*.

D. Qu'est-ce que le verbe passif ?

R. Le verbe passif est celui qui marque
une action soufferte ou reçue par le sujet.
Tels sont : *être battu*, *vaincu*, *vu*, *connu*,
aimé.

D. De quel mot le verbe passif est-il toujours suivi?

R. Il est toujours suivi de l'un de ces mots : *de, du, de la, des, par.*

D. Qu'est-ce que le *verbe neutre ?*

R. Le verbe neutre est celui qui n'est ni actif, ni passif. Tels sont : *marcher, tomber, dormir, gémir.*

D. Quelle est la principale différence qui existe entre le verbe neutre et le verbe actif?

R. On ne peut jamais mettre *quelqu'un,* ni *quelque chose* après le verbe neutre. S'il marque quelquefois une action, elle passe rarement hors du sujet qui agit.

D. Qu'est-ce que le *verbe pronominal ?*

R. Le verbe pronominal est celui dont le sujet et le régime sont la même personne ou la même chose. Tels sont : *je me repens, tu te fâches, il se flatte, nous nous querellons, vous vous consumez, ils s'usent.*

D. Pourquoi le verbe pronominal est-il ainsi appelé?

R. Le verbe pronominal est ainsi appelé, parce qu'il est toujours précédé de
deux pronoms personnels, dont le second
est l'un des pronoms, *me, te, se, nous, vous.*

D. Qu'est-ce que le *verbe impersonnel?*

R. Le verbe impersonnel est celui qui
n'a jamais rapport aux personnes. Tels
sont : *pleuvoir, neiger, tonner, falloir.*

D. Le verbe impersonnel a-t-il plusieurs
inflexions?

R. Cette espèce de verbe n'a dans chaque temps, qu'une seule inflexion qui ré-
pond à la troisième du singulier dans les
verbes personnels *Il pleut, il neigeoit, il a
tonné, il fallut.*

8. *D.* Qu'est-ce que *conjuguer?*

R. Conjuguer un verbe c'est le faire
passer par tous ses modes, ses temps, ses
nombres et ses personnes, en marquant
ses diverses inflexions.

D. Combien y a-t-il de *conjugaisons ?*

R. Il y a en français quatre conjugaisons, ou manières de conjuguer.

D. Comment distingue-t-on les quatre conjugaisons ?

R. On les distingue par la terminaison du présent de l'infinitif.

La première conjugaison a l'infinitif en *er*, comme *aimer;* la seconde en *ir*, comme *punir;* la troisième en *oir*, comme *recevoir;* et la quatrième en *re*, comme *rendre.*

D. Quels sont les verbes appelés *auxiliaires* ?

R. Les verbes *avoir* et *être* sont appelés *auxiliaires*, parce qu'ils servent à conjuguer les autres.

D. Pourquoi le verbe *avoir* est-il le premier auxiliaire ?

R. *Avoir* est le premier auxiliaire, parce qu'il est le seul qui puisse se conjuguer sans le secours d'aucun autre verbe, et le seul en même temps qui soit nécessaire à toutes les conjugaisons.

D. Quels sont les *verbes irréguliers* ?

R. Les verbes irréguliers sont ceux qui ne suivent pas les règles générales des conjugaisons. Tels sont : *aller, venir, s'asseoir, faire.*

D. Quels sont les *verbes défectifs ?*

R. Les verbes défectifs ou *défectueux,* sont ceux qui manquent de quelques temps, comme *clore , frire.*

~~~~~~

CONJUGAISON

DU PREMIER VERBE AUXILIAIRE.

INDICATIF.

PRÉSENT.

Singulier.

J'ai ,
Tu as ,
Il *ou* elle a.

Pluriel.

Nous avons ,
Vous avez ,
Ils *ou* elles ont.

IMPARFAIT.

J'avois ,
Tu avois ,
Il avoit ,

Nous avions ,
Vous aviez ,
Ils *ou* elles avoient.

PRÉTÉRIT DÉFINI.

J'eus ,
Tu eus ,
Il eut ,
Nous eûmes ,
Vous eûtes ,
Ils eurent.

PRÉTÉRIT INDÉFINI.

J'ai eu ,
Tu as eu ,
Il a eu ,
Nous avons eu ,
~~~~~~

Vous avez eu,
Ils ont eu,

PRÉTÉRIT ANTÉRIEUR.

J'eus eu,
Tu eus eu,
Il eut eu,
Nous eûmes eu,
Vous eûtes eu,
Ils eurent eu.

PLUSQUE-PARFAIT.

J'avois eu,
Tu avois eu,
Il avoit eu,
Nous avions eu,
Vous aviez eu,
Ils avoient eu.

FUTUR SIMPLE.

J'aurai,
Tu auras,
Il aura,
Nous aurons,
Vous aurez,
Ils auront.

FUTUR PASSÉ.

J'aurai eu,
Tu auras eu,
Il aura eu,
Nous aurons eu,
Vous aurez eu,
Ils auront eu.

CONDITIONNEL.

PRÉSENT.

J'aurois,
Tu aurois,
Il auroit,
Nous aurions,
Vous auriez,
Ils auroient.

PASSÉ.

J'aurois eu,
Tu aurois eu,
Il auroit eu,
Nous aurions eu,
Vous auriez eu,
Ils auroient eu.

On dit aussi : *j'eusse eu, tu eusses eu, il eût eu, nous eussions eu, vous eussiez eu, ils eussent eu.*

IMPÉRATIF.

Point de première personne.

Aye,
Qu'il ait,
Ayons,
Ayez,
Qu'ils aient.

SUBJONCTIF.

PRÉSENT.

J'aye, *
Tu ayes,
Il ait,
Nous ayons,
Vous ayéz,
Ils aient.

IMPARFAIT.

J'eusse,
Tu eusses,
Il eût,
Nous eussions,
Vous eussiez,
Ils eussent.

PRÉTÉRIT.

J'aye eu,
Tu ayes eu,
Il ait eu,
Nous ayons eu,
Vous ayez eu,
Ils aient eu.

PLUSQUE-PARFAIT.

J'eusse eu,
Tu eusses eu,
Il eût eu,

Nous eussions eu,
Vous eussiez eu,
Ils eussent eu.

Le futur du subjonctif est semblable au présent, dans toutes les conjugaisons.

INFINITIF.

PRÉSENT.

Avoir.

PRÉTÉRIT.

Avoir eu.

FUTUR.

Devant avoir.

GÉRONDIF.

En ayant.

PARTICIPE PRÉSENT.

Ayant.

Il est invariable.

PARTICIPE PASSÉ.

Eu.

Il est variable.

* La conjonction *que* ne faisant pas partie du verbe, nous avons cru devoir la retrancher dans la conjugaison du subjonctif; auquel néanmoins elle est toujours liée.

CONJUGAISON

DU SECOND VERBE AUXILIAIRE.

INDICATIF.

PRÉSENT.

Je suis,
Tu es,
Il est,
Nous sommes,
Vous êtes,
Ils sont.

IMPARFAIT.

J'étois,
Tu étois,
Il étoit,
Nous étions,
Vous étiez,
Ils étoient.

PRÉTÉRIT DÉFINI.

Je fus,
Tu fus,
Il fut,
Nous fûmes,
Vous fûtes,
Ils furent.

PRÉTÉRIT INDÉFINI.

J'ai été,
Tu as été,
Il a été,
Nous avons été,
Vous avez été,
Ils ont été.

PRÉTÉRIT ANTÉRIEUR.

J'eus été,
Tu eus été,
Il eut été,
Nous eûmes été,
Vous eûtes été,
Ils eurent été.

PLUSQUE-PARFAIT.

J'avois été,
Tu avois été.
Il avoit été,
Nous avions été,
Vous aviez été,
Ils avoient été.

FUTUR SIMPLE.

Je serai,
Tu seras,
Il sera,
Nous serons,
Vous serez,
Ils seront.

FUTUR PASSÉ.

J'aurai été,
Tu auras été,
Il aura été,
Nous aurons été,
Vous aurez été,
Ils auront été.

CONDITIONNEL.

PRÉSENT.

Je serois,
Tu serois,
Il seroit,
Nous serions,
Vous seriez,
Ils seroient.

PASSÉ.

J'aurois été,
Tu aurois été,
Il auroit été,
Nous aurions été,
Vous auriez été,
Ils auroient été.

On dit aussi : j'eusse été, tu eusses été, il eut été, nous eussions été, vous eussiez été, ils eussent été.

IMPÉRATIF.

Point de première personne.

Sois,
Qu'il soit,
Soyons,
Soyez,
Qu'ils soient.

SUBJONCTIF.

PRÉSENT.

Je sois,
Tu sois,
Il soit,
Nous soyons,
Vous soyez,
Ils soient.

IMPARFAIT.

Je fusse,
Tu fusses,
Il fût,
Nous fussions,
Vous fussiez,
Ils fussent.

PRÉTÉRIT.

J'aye été,
Tu ayes été,
Il ait été,
Nous ayons été.
Vous ayez été.
Ils aient été.

PLUSQUE-PARFAIT.

J'eusse été,
Tu eusses été,
Il eût été,
Nous eussions été,
Vous eussiez été,
Ils eussent été.

INFINITIF.

PRÉSENT.

Être.

PRÉTÉRIT.

Avoir été.

FUTUR.

Devant être.

GÉRONDIF.

En étant.

PARTICIPE PRÉSENT.

Étant.

PARTICIPE PASSÉ.

Été.

Ces deux participes sont invariables.

Il faut connoître parfaitement ces deux auxiliaires, avant de conjuguer les autres verbes.

~~~~~~

PREMIÈRE CONJUGAISON.

EN *ER*.

INDICATIF.

PRÉSENT.

J'aime,
Tu aimes,
Il aime,
Nous aimons,
Vous aimez,
Ils aiment.
~~~~~~

IMPARFAIT.

J'aimois,
Tu aimois,
Il aimoit,
Nous aimions,
Vous aimiez,
Ils aimoient.

PRÉTÉRIT DÉFINI,

J'aimai,
Tu aimas,
Il aima,
Nous aimâmes,
Vous aimâtes,
Ils aimèrent.

PRÉTÉRIT INDÉFINI.

J'ai aimé,
Tu as aimé,
Il a aimé,
Nous avons aimé,
Vous avez aimé,
Ils ont aimé.

PRÉTÉRIT ANTÉRIEUR.

J'eus aimé,
Tu eus aimé,
Il eut aimé,
Nous eûmes aimé,
Vous eûtes aimé,
Ils eurent aimé.

On dit rarement : *j'ai eu aimé, tu as eu aimé, il a eu aimé*, etc.

PLUSQUE-PARFAIT.

J'avois aimé,
Tu avois aimé,
Il avoit aimé,
Nous avions aimé,
Vous aviez aimé,
Ils avoient aimé.

FUTUR SIMPLE.

J'aimerai,
Tu aimeras,
Il aimera,
Nous aimerons,
Vous aimerez,
Ils aimeront.

FUTUR PASSÉ.

J'aurai aimé,
Tu auras aimé,
Il aura aimé,
Nous aurons aimé,
Vous aurez aimé,
Ils auront aimé.

CONDITIONNEL.

PRÉSENT.

J'aimerois,

Tu aimerois,
Il aimeroit,
Nous aimerions,
Vous aimeriez,
Ils aimeroient.

PASSÉ.

J'aurois aimé,
Tu aurois aimé,
Il auroit aimé,
Nous aurions aimé,
Vous auriez aimé,
Ils auroient aimé.

On dit aussi : *j'eusse aimé, tu eusses aimé, il eût aimé, nous eussions aimé, vous eussiez aimé, ils eussent aimé.*

IMPÉRATIF.

Point de première personne.

Aime,
Qu'il aime,
Aimons,
Aimez,
Qu'ils aiment.

SUBJONCTIF.

PRÉSENT.

J'aime,

Tu aimes,
Il aime,
Nous aimons,
Vous aimez,
Ils aiment.

IMPARFAIT.

J'aimasse,
Tu aimasses,
Il aimât,
Nous aimassions,
Vous aimassiez,
Ils aimassent.

PRÉTÉRIT.

J'aye aimé,
Tu ayes aimé,
Il ait aimé,
Nous ayons aimé,
Vous ayez aimé,
Ils aient aimé.

PLUSQUE-PARFAIT.

J'eusse aimé,
Tu eusses aimé,
Il eût aimé,
Nous eussions aimé,
Vous eussiez aimé,
Ils eussent aimé.

INFINITIF.

PRÉSENT.

Aimer.

PASSÉ.	PARTICIPE PRÉSENT.
Avoir aimé.	Aimant.
	Il est invariable.
FUTUR.	
Devant aimer.	PARTICIPE PASSÉ.
GÉRONDIF.	Aimé.
En aimant.	Il est variable.

N. B. Le verbe est le mot par excellence ; on ne sauroit trop recommander à ceux qui commencent à conjuguer , d'examiner attentivement ses différentes inflexions dans les divers modes , les temps, les nombres et les personnes.

SECONDE CONJUGAISON.

EN *IR*.

INDICATIF.	IMPARFAIT.
PRÉSENT.	Je punissois ,
Je punis,	Tu punissois,
Tu punis ,	Il punissoit,
Il punit ,	Nous punissions ,
Nous punissons ,	Vous punissiez ,
Vous punissez ,	Ils punissoient.
Ils punissent.	

PRÉTÉRIT DÉFINI.

Je punis,
Tu punis.,
Il punit,
Nous punîmes,
Vous punîtes,
Ils punirent.

PRÉTÉRIT INDÉFINI.

J'ai puni,
Tu as puni,
Il a puni,
Nous avons puni,
Vous avez puni,
Ils ont puni.

PRÉTÉRIT ANTÉRIEUR.

J'eus puni,
Tu eus puni,
Il eut puni,
Nous eûmes puni,
Vous eûtes puni,
Ils eurent puni.

PLUSQUE-PARFAIT.

J'avois puni,
Tu avois puni,
Il avoit puni,
Nous avions puni,
Vous aviez puni,
Ils avoient puni.

FUTUR SIMPLE.

Je punirai,
Tu puniras,
Il punira,
Nous punirons,
Vous punirez,
Ils puniront.

FUTUR PASSÉ.

J'aurai puni,
Tu auras puni,
Il aura puni,
Nous aurons puni,
Vous aurez puni
Ils auront puni.

CONDITIONNEL.

PRÉSENT.

Je punirois,
Tu punirois,
Il puniroit.
Nous punirions,
Vous puniriez,
Ils puniroient.

PASSÉ.

J'aurois puni,
Tu aurois puni,
Il auroit puni,
Nous aurions puni,
Vous auriez puni,
Ils auroient puni.

On dit aussi : *j'eusse*

puni, tu eusses puni, il eût puni, nous eussions puni, vous eussiez puni, ils eussent puni.

IMPÉRATIF.

Point de première personne.

Punis,
Qu'il punisse,
Punissons,
Punissez,
Qu'ils punissent.

SUBJONCTIF.

PRÉSENT.

Je punisse,
Tu punisses,
Il punisse,
Nous punissions,
Vous punissiez,
Ils punissent.

IMPARFAIT.

Je punisse,
Tu punisses,
Il punît,
Nous punissions,
Vous punissiez,
Ils punissent.

PRÉTÉRIT.

J'aye puni,
Tu ayes puni,
Il ait puni,
Nous ayons puni,
Vous ayez puni,
Ils aient puni.

PLUSQUE-PARFAIT.

J'eusse puni,
Tu eusses puni,
Il eût puni,
Nous eussions puni,
Vous eussiez puni,
Ils eussent puni.

INFINITIF.

PRÉSENT.

Punir.

PRÉTÉRIT.

Avoir puni.

FUTUR.

Devant punir.

GÉRONDIF.

En punissant.

PARTICIPE PRÉSENT.	PARTICIPE PASSÉ.
Punissant.	Puni.
Il est invariable.	Il est variable.

~~~~~~

TROISIÈME CONJUGAISON.

EN *OIR*.

INDICATIF.

PRÉSENT.

Je reçois,
Tu reçois,
Il reçoit,
Nous recevons,
Vous recevez,
Ils reçoivent.

IMPARFAIT.

Je recevois,
Tu recevois,
Il recevoit,
Nous recevions,
Vous receviez,
Ils recevoient.

PRÉTÉRIT INDÉFINI.

Je reçus,
Tu reçus,
Il reçut,
Nous reçûmes,
Vous reçûtes,
Ils reçurent.

PRÉTÉRIT INDÉFINI.

J'ai reçu,
Tu as reçu,
Il a reçu,
Nous avons reçu,
Vous avez reçu,
Ils ont reçu.

PRÉTÉRIT ANTÉRIEUR.

J'eus reçu,
Tu eus reçu,
Il eut reçu,
Nous eûmes reçu,
Vous eûtes reçu,
Ils eurent reçu.
~~~~~~

PLUSQUE-PARFAIT.

J'avois reçu,
Tu avois reçu,
Il avoit reçu,
Nous avions reçu,
Vous aviez reçu,
Ils avoient reçu.

FUTUR SIMPLE.

Je recevrai,
Tu recevras,
Il recevra,
Nous recevrons,
Vous recevrez,
Ils recevront.

FUTUR PASSÉ.

J'aurai reçu,
Tu auras reçu,
Il aura reçu,
Nous aurons reçu,
Vous aurez reçu,
Ils auront reçu.

CONDITIONNEL.

PRÉSENT.

Je recevrois,
Tu recevrois,
Il recevroit,
Nous recevrions,
Vous recevriez,

Ils recevroient.

PASSÉ.

J'aurois reçu,
Tu aurois reçu,
Il auroit reçu,
Nous aurions reçu,
Vous auriez reçu,
Ils auroient reçu.

On dit aussi : *J'eusse reçu, tu eusses reçu, il eût reçu, nous eussions reçu, vous eussiez reçu, ils eussent reçu.*

IMPÉRATIF.

Point de première personne.

Reçois,
Qu'il reçoive,
Recevons,
Recevez,
Qu'ils reçoivent.

SUBJONCTIF.

PRÉSENT.

Je reçoive,
Tu reçoives,
Il reçoive,

Nous recevions,
Vous receviez,
Ils reçoivent.

IMPARFAIT.

Je reçusse,
Tu reçusses,
Il reçût,
Nous reçussions,
Vous reçussiez,
Ils reçussent.

PRÉTÉRIT.

J'aye reçu,
Tu ayes reçu,
Il ait reçu,
Nous ayons reçu,
Vous ayez reçu,
Ils aient reçu.

PLUSQUE-PARFAIT.

J'eusse reçu,
Tu eusses reçu,
Il eût reçu,
Nous eussions reçu,

Vous eussiez reçu,
Ils eussent reçu.

INFINITIF.

PRÉSENT.

Recevoir.

PRÉTÉRIT.

Avoir reçu.

FUTUR.

Devant recevoir.

GÉRONDIF.

En recevant.

PARTICIPE PRÉSENT.

Recevant.
Il est invariable.

PARTICIPE PASSÉ.

Reçu.
Il est variable.

QUATRIÈME CONJUGAISON.

EN *RE*.

INDICATIF.

PRÉSENT.

Je rends,
Tu rends,
Il rend,
Nous rendons,
Vous rendez,
Ils rendent.

IMPARFAIT.

Je rendois,
Tu rendois,
Il rendoit,
Nous rendions,
Vous rendiez,
Ils rendoient.

PRÉTÉRIT INDÉFINI.

Je rendis,
Tu rendis,
Il rendit,
Nous rendîmes,
Vous rendîtes,
Ils rendirent.

PRÉTÉRIT INDÉFINI.

J'ai rendu,
Tu as rendu,
Il a rendu,
Nous avons rendu,
Vous avez rendu,
Ils ont rendu.

PRÉTÉRIT ANTÉRIEUR.

J'eus rendu,
Tu eus rendu,
Il eut rendu,
Nous eûmes rendu,
Vous eûtes rendu,
Ils eurent rendu.

PLUSQUE-PARFAIT.

J'avois rendu,
Tu avois rendu,
Il avoit rendu,
Nous avions rendu,
Vous aviez rendu,
Ils avoient rendu.

FUTUR SIMPLE.

Je rendrai,
Tu rendras,
Il rendra,
Nous rendrons,
Vous rendrez,
Ils rendront.

FUTUR PASSÉ.

J'aurai rendu,
Tu auras rendu,
Il aura rendu,
Nous aurons rendu,
Vous aurez rendu,
Ils auront rendu.

CONDITIONNEL.

PRÉSENT.

Je rendrois,
Tu rendrois,
Il rendroit,
Nous rendrions,
Vous rendriez,
Ils rendroient.

PASSÉ.

J'aurois rendu,
Tu aurois rendu,
Il auroit rendu,
Nous aurions rendu,
Vous auriez rendu,
Ils auroient rendu.

On dit aussi : *J'eusse rendu, tu eusses rendu, il eût rendu, nous eussions rendu, vous eussiez rendu, ils eussent rendu.*

IMPÉRATIF.

Point de première personne.

Rends,
Qu'il rende,
Rendons,
Rendez,
Qu'ils rendent.

SUBJONCTIF.

PRÉSENT.

Je rende,
Tu rendes,
Il rende,
Nous rendions,
Vous rendiez,
Ils rendent.

IMPARFAIT.

Je rendisse,
Tu rendisses,
Il rendît,
Nous rendissions,
Vous rendissiez,
Ils rendissent.

PRÉTÉRIT.

J'aye rendu,
Tu ayes rendu,
Il ait rendu,
Nous ayons rendu,
Vous ayez rendu,
Ils aient rendu.

PLUSQUE-PARFAIT.

J'eussé rendu,
Tu eusses rendu,
Il eût rendu,
Nous eussions rendu,
Vous eussiez rendu,
Ils eussent rendu.

INFINITIF.

PRÉSENT.

Rendre.

PRÉTÉRIT.

Avoir rendu.

FUTUR.

Devant rendre.

GÉRONDIF.

En rendant.

PARTICIPE PRÉSENT.

Rendant.
Il est invariable.

PARTICIPE PASSÉ.

Rendu.
Il est variable.

REMARQUE.

Ces quatre conjugaisons peuvent servir de modèles pour conjuguer tous les autres verbes réguliers, soit actifs, soit neutres, soit pronominaux, en observant seulement de se servir de l'auxiliaire *être*, dans tous les temps composés de ces derniers, et dans ceux de quelques neutres, comme on le verra ci-après.

CONJUGAISON

DES VERBES PASSIFS.

ÉTRE AIMÉ.

Masculin.	*Féminin.*
INDICATIF.	**INDICATIF.**
PRÉSENT.	PRÉSENT.
Je suis aimé,	Je suis aimée,
Tu es aimé,	Tu es aimée,
Il est aimé,	Elle est aimée,
Nous sommes aimés,	Nous sommes aimées,
Vous êtes aimés,	Vous êtes aimées,
Ils sont aimés.	Elles sont aimées.
IMPARFAIT.	IMPARFAIT.
J'étois aimé,	J'étois aimée,
Tu étois aimé,	Tu étois aimée,
Il étoit aimé,	Elle étoit aimée,
Nous étions aimés,	Nous étions aimées,
Vous étiez aimés,	Vous étiez aimées,
Ils étoient aimés.	Elles étoient aimées.
PRÉTÉRIT DÉFINI.	PRÉTÉRIT DÉFINI.
Je fus aimé,	Je fus aimée,
Tu fus aimé,	Tu fus aimée,
Il fut aimé,	Elle fut aimée,

Masculin.	*Féminin.*
Nous fûmes aimés,	Nous fûmes aimées,
Vous fûtes aimés,	Vous fûtes aimées,
Ils furent aimés.	Elles furent aimées.

PRÉTÉRIT INDÉFINI.	PRÉTÉRIT INDÉFINI.
J'ai été aimé,	J'ai été aimée,
Tu as été aimé,	Tu as été aimée,
Il a été aimé,	Elle a été aimée,
Nous avons été aimés,	Nous avons été aimées,
Vous avez été aimés,	Vous avez été aimées,
Ils ont été aimés.	Elles ont été aimées.

PRÉTÉRIT ANTÉRIEUR.	PRÉTÉRIT ANTÉRIEUR.
J'eus été aimé,	J'eus été aimée,
Tu eus été aimé,	Tu eus été aimée,
Il eut été aimé,	Elle eut été aimée,
Nous eûmes été aimés,	Nous eûmes été aimées,
Vous eûtes été aimés,	Vous eûtes été aimées,
Ils eurent été aimés.	Elles eurent été aimées.

PLUSQUE-PARFAIT.	PLUSQUE-PARFAIT.
J'avois été aimé,	J'avois été aimée,
Tu avois été aimé,	Tu avois été aimée,
Il avoit été aimé,	Elle avoit été aimée,
Nous avions été aimés,	Nous avions été aimées,
Vous aviez été aimés,	Vous aviez été aimées,
Ils avoient été aimés.	Elles avoient été aimées.

FUTUR SIMPLE.	FUTUR SIMPLE.
Je serai aimé,	Je serai aimée,

Masculin.	*Féminin.*
Tu seras aimé,	Tu seras aimée,
Il sera aimé,	Elle sera aimée,
Nous serons aimés,	Nous serons aimées,
Vous serez aimés,	Vous serez aimées,
Ils seront aimés.	Elles seront aimées.

FUTUR PASSÉ.

	FUTUR PASSÉ.
J'aurai été aimé,	J'aurai été aimée,
Tu auras été aimé,	Tu auras été aimée,
Il aura été aimé,	Elle aura été aimée,
Nous aurons été aimés,	Nous aurons été aimées,
Vous aurez été aimés,	Vous aurez été aimées,
Ils auront été aimés.	Elles auront été aimées.

CONDITIONNEL.

PRÉSENT.

Je serois aimé,	Je serois aimée,
Tu serois aimé,	Tu serois aimée,
Il seroit aimé,	Elle seroit aimée,
Nous serions aimés,	Nous serions aimées,
Vous seriez aimés,	Vous seriez aimées.
Ils seroient aimés.	Elles seroient aimées.

PASSÉ.

J'aurois été aimé,	J'aurois été aimée,
Tu aurois été aimé,	Tu aurois été aimée,
Il auroit été aimé,	Elle auroit été aimée,
Nous aurions été aimés,	Nous aurions été aimées,
Vous auriez été aimés,	Vous auriez été aimées,
Ils auroient été aimés.	Elles auroient été aimées.

Masculin.	*Féminin.*
On dit aussi : *J'eusse été aimé, tu eusses été aimé, il eût été aimé, nous eussions été aimés, vous eussiez été aimés, ils eussent été aimés.*	On dit aussi : *J'eusse été aimée, tu eusses été aimée, elle eût été aimée, nous eussions été aimées, vous eussiez été aimées, elles eussent été aimées.*

IMPÉRATIF.

Point de première personne.

Sois aimé,
Qu'il soit aimé,
Soyons aimés,
Soyez aimés,
Qu'ils soient aimés.

SUBJONCTIF.

PRÉSENT.

Je sois aimé,
Tu sois aimé,
Il soit aimé,
Nous soyons aimés,
Vous soyez aimés,
Ils soient aimés.

IMPARFAIT.

Je fusse aimé,

IMPÉRATIF.

Point de première personne.

Sois aimée,
Qu'elle soit aimée,
Soyons aimées,
Soyez aimées,
Qu'elles soient aimées.

SUBJONCTIF.

PRÉSENT.

Je sois aimée,
Tu sois aimée,
Elle soit aimée,
Nous soyons aimées,
Vous soyez aimées,
Elles soient aimées.

IMPARFAIT.

Je fusse aimée,

Masculin.	*Féminin.*
Tu fusses aimé,	Tu fusses aimée,
Il fût aimé,	Elle fût aimée,
Nous fussions aimés,	Nous fussions aimées,
Vous fussiez aimés,	Vous fussiez aimées,
Ils fussent aimés.	Elles fussent aimées.

PRÉTÉRIT.   PRÉTÉRIT.

J'aye été aimé,	J'aye été aimée,
Tu ayes été aimé,	Tu ayes été aimée,
Il ait été aimé,	Elle ait été aimée,
Nous ayons été aimés,	Nous ayons été aimées,
Vous ayez été aimés,	Vous ayez été aimées,
Ils aient été aimés.	Elles aient été aimées.

PLUSQUE-PARFAIT.   PLUSQUE-PARFAIT.

J'eusse été aimé,	J'eusse été aimée,
Tu eusses été aimé,	Tu eusses été aimée,
Il eût été aimé,	Elle eût été aimée,
Nous eussions été aimés,	Nous eussions été aimées,
Vous eussiez été aimés,	Vous eussiez été aimées,
Ils eussent été aimés.	Elles eussent été aimées.

INFINITIF.   INFINITIF.

PRÉSENT.   PRÉSENT.

Être aimé.	Être aimée.

Masculin.	*Féminin.*
PRÉTÉRIT.	PRÉTÉRIT.
Avoir été aimé.	Avoir été aimée.
FUTUR.	FUTUR.
Devant être aimé.	Devant être aimée.

REMARQUE.

On conjugue ainsi les autres verbes passifs , en ajoutant seulement au verbe substantif *être* , dans tous les temps , le participe passé du verbe que l'on veut conjuguer , et faisant accorder le participe en genre et en nombre avec son sujet ou *nominatif.*

Ainsi l'on dit : *Je suis puni,* ou *punie ; nous sommes reçus ,* ou *reçues.*

Chacun sent qu'à parler proprement , la langue française n'a point de verbe passif , puisque le verbe *être* marque seul ses modes , ses temps, ses nombres et ses personnes.

CONJUGAISON

DES VERBES NEUTRES.

La plupart des verbes neutres, tels que *marcher* *dormir, languir,* se conjuguent dans leurs temps composés avec l'auxiliaire *avoir.* Quelques-uns se conjuguent avec l'auxiliaire *étre,* commè *tomber, arriver, mourir.*

MARCHER.

INDICATIF.

PRÉSENT.

Je marche,
Tu marches,
Il marche,
Nous marchons,
Vous marchez,
Ils marchent.

IMPARFAIT.

Je marchois,
Tu marchois,
Il marchoit,
Nous marchions,
Vous marchiez,
Ils marchoient.

PRÉTÉRIT DÉFINI.

Je marchai,
Tu marchas,
Il marcha,
Nous marchâmes,
Vous marchâtes,
Ils marchèrent.

PRÉTÉRIT INDÉFINI.

J'ai marché,
Tu as marché,
Il a marché,
Nous avons marché,
Vous avez marché,
Ils ont marché.

PRÉTÉRIT ANTÉRIEUR.

J'eus marché,
Tu eus marché,
Il eut marché,
Nous eûmes marché,
Vous eûtes marché,
Ils eurent marché.

PLUSQUE-PARFAIT.

J'avois marché,
Tu avois marché,
Il avoit marché,
Nous avions marché,
Nous aviez marché,
Ils avoient marché.

FUTUR SIMPLE.

Je marcherai,
Tu marcheras,
Il marchera,
Nous marcherons,
Vous marcherez,
Ils marcheront.

FUTUR PASSÉ.

J'aurai marché,
Tu auras marché,
Il aura marché,
Nous aurons marché,
Vous aurez marché,
Ils auront marché.

CONDITIONNEL.

PRÉSENT.

Je marcherois,
Tu marcherois,
Il marcheroit,
Nous marcherions,
Vous marcheriez,
Ils marcheroient.

PASSÉ.

J'aurois marché,
Tu aurois marché,
Il auroit marché,
Nous aurions marché,
Vous auriez marché,
Ils auroient marché.

IMPÉRATIF.

Marche,
Qu'il marche,
Marchons,
Marchez,
Qu'ils marchent.

SUBJONCTIF.

PRÉSENT.

Je marche,
Tu marches,
Il marche,
Nous marchions,

Vous marchiez,
Ils marchent.

IMPARFAIT.

Je marchasse,
Tu marchasses,
Il marchât,
Nous marchassions,
Vous marchassiez,
Ils marchassent.

PRÉTÉRIT.

J'aye marché,
Tu ayes marché,
Il ait marché,
Nous ayons marché,
Vous ayez marché,
Ils aient marché

PLUSQUE-PARFAIT.

J'eusse marché,
Tu eusses marché,
Il eût marché,
Nous eussions marché,

Vous eussiez marché,
Ils eussent marché.

INFINITIF.

PRÉSENT.

Marcher.

PRÉTÉRIT.

Avoir marché.

FUTUR.

Devant marcher.

GÉRONDIF.

En marchant.

PARTICIPE PRÉSENT.

Marchant.

Il est invariable.
Le participe passé n'est point d'usage dans les verbes neutres.

TOMBER.

INDICATIF.

PRÉSENT.

Je tombe,

Tu tombes,
Il tombe,
Nous tombons,
Vous tombez,
Ils tombent.

IMPARFAIT.

Je tombois,
Tu tombois,
Il tomboit,
Nous tombions,
Vous tombiez,
Ils tomboient.

PRÉTÉRIT DÉFINI.

Je tombai,
Tu tombas,
Il tomba,
Nous tombâmes,
Vous tombâtes,
Ils tombèrent.

PRÉTÉRIT INDÉFINI.

Je suis tombé, *fémin.*
tombée,
Tu es tombé *ou* tom-
bée,
Il est tombé *ou* elle est
tombée,
Nous sommes tombés,
fém. tombées,
Vous êtes tombés *ou*
tombées,
Ils sont tombés *ou* elles
sont tombées.

PRÉTÉRIT ANTÉRIEUR.

Je fus tombé, *ou* tom-
bée.

Tu fus tombé, *ou* tom-
bée.
Il fut tombé, *ou* elle
fut tombée,
Nous fûmes tombés,
ou tombées,
Vous fûtes tombés, *ou*
tombées,
Ils furent tombés, *ou*
elles furent tombées.

PLUSQUE-PARFAIT.

J'étois tombé, *ou* tom-
bée,
Tu étois tombé, *ou*
tombée,
Il étoit tombé, *ou* elle
étoit tombée,
Nous étions tombés, *ou*
tombées,
Vous étiez tombés, *ou*
tombées,
Ils étoient tombés, *ou*
elles étoient tombées.

FUTUR SIMPLE.

Je tomberai,
Tu tomberas,
Il tombera,
Nous tomberons,
Vous tomberez,
Ils tomberont.

FUTUR PASSÉ.

Je serois tombé, *ou*
tombée,

Tu seras tombé, *ou* tombée,

Il sera tombé, *ou* elle sera tombée,

Nous serons tombés, *ou* tombées,

Vous serez tombés, *ou* tombées,

Ils seront tombés, *ou* elles seront tombées.

CONDITIONNEL.

PRÉSENT.

Je tomberois,
Tu tomberois,
Il tomberoit,
Nous tomberions,
Vous tomberiez,
Ils tomberoient.

PASSÉ.

Je serois tombé, *ou* tombée,

Tu serois tombé, *ou* tombée,

Il seroit tombé, *ou* elle seroit tombée,

Nous serions tombés, *ou* tombées,

Vous seriez tombés, *ou* tombées,

Ils seroient tombés, *ou* elles seroient tombées.

IMPÉRATIF.

Tombe,
Qu'il tombe,
Tombons,
Tombez,
Qu'ils tombent.

SUBJONCTIF.

PRÉSENT.

Je tombe,
Tu tombes,
Il tombe,
Nous tombions,
Vous tombiez,
Ils tombent.

IMPARFAIT.

Je tombasse,
Tu tombasses,
Il tombât,
Nous tombassions,
Vous tombassiez,
Ils tombassent.

PRÉTÉRIT.

Je sois tombé, *ou* tombée,

Tu sois tombé, *ou* tombée,

Il soit tombé, *ou* tombée,

Nous soyons tombés, *ou* tombées,

Vous soyez tombés, *ou* tombées,

Ils soient tombés, *ou* elles soient tombées.

PLUSQUE-PARFAIT.

Je fusse tombé, *ou* tombée,

Tu fusses tombé, *ou* tombée,

Il fût tombé, *ou* elle fût tombée,

Nous fussions tombés, *ou* tombées,

Vous fussiez tombés, *ou* tombées,

Ils fussent tombés, *ou* elles fussent tombées.

INFINITIF.

PRÉSENT.

Tomber.

PASSÉ.

Être tombé.

FUTUR.

Devant tomber.

GÉRONDIF.

En tombant.

PARTICIPE PRÉSENT.

Tombant.

OBSERVATION.

En jetant les yeux sur ces deux tableaux, on voit que le participe passé est invariable, ou le même, pour le masculin et le féminin, le singulier et le pluriel, dans les verbes neutres qui se conjuguent avec l'auxiliaire *avoir*; mais il est variable dans ceux qui se conjuguent avec l'auxiliaire *être*, et doit par conséquent s'accorder en genre et en nombre avec son sujet, comme dans les verbes passifs et pronominaux.

CONJUGAISON.

DES VERBES PRONOMINAUX.

SE REPENTIR.

INDICATIF.

PRÉSENT.

Je me repens,
Tu te repens,
Il *ou* elle se repent,
Nous nous repentons,
Vous vous repentez,
Ils *ou* elles se repentent.

IMPARFAIT.

Je me repentois,
Tu te repentois,
Il se repentoit,
Nous nous repentions,
Vous vous repentiez,
Ils se repentoient.

PRÉTÉRIT DÉFINI.

Je me repentis,
Tu te repentis,
Il se repentit,
Nous nous repentîmes,
Vous vous repentîtes,
Ils se repentirent.

PRÉTÉRIT INDÉFINI.

Je me suis repenti, *ou* repentie,
Tu t'es repenti, *ou* repentie,
Il s'est repenti, *ou* elle s'est repentie,
Nous nous sommes repentis, *ou* repenties.
Vous vous êtes repentis, *ou* repenties,
Ils se sont repentis, *ou* elles se sont repenties.

PRÉTÉRIT ANTÉRIEUR.

Je me fus repenti, *ou* repentie,
Tu te fus repenti, *ou* repentie,
Il se fut repenti, *ou* elle se fut repentie,
Nous nous fûmes repentis, *ou* repenties,
Vous vous fûtes repentis, *ou* repenties,

Ils se furent repentis, *ou* elles se furent repenties.

PLUSQUE-PARFAIT.

Je m'étois repenti, *ou* repentie,
Tu t'étois repenti, *ou* repentie,
Il s'étoit repenti, *ou* elle s'étoit repentie,
Nous nous étions repentis, *ou* repenties,
Vous vous étiez repentis, *ou* repenties,
Ils s'étoient repentis, *ou* elles s'étoient repenties.

FUTUR SIMPLE.

Je me repentirai,
Tu te repentiras,
Il se repentira,
Nous nous repentirons,
Vous vous repentirez,
Ils se repentiront.

FUTUR PASSÉ.

Je me serai repenti, *ou* repentie,
Tu te seras repenti, *ou* repentie,
Il se sera repenti, *ou*

elle se sera repentie,
Nous nous serons repentis, *ou* repenties,
Vous vous serez repentis, *ou* repenties,
Ils se seront repentis, *ou* elles se seront repenties.

CONDITIONNEL.

PRÉSENT.

Je me repentirois,
Tu te repentirois,
Il se repentiroit,
Nous nous repentirions,
Vous vous repentiriez,
Ils se repentiroient.

PASSÉ.

Je me serois repenti, *ou* repentie,
Tu te serois repenti, *ou* repentie,
Il se seroit repenti, *ou* repentie,
Nous nous serions repentis, *ou* repenties,
Vous vous seriez repentis, *ou* repenties,
Ils se seroient repentis, *ou* elles se seroient repenties.

IMPÉRATIF.

Point de première personne.

Repens-toi,
Qu'il se repente,
Repentons-nous,
Repentez-vous,
Qu'ils se repentent.

SUBJONCTIF.

PRÉSENT.

Je me repente,
Tu te repentes,
Il se repente,
Nous nous repentions,
Vous vous repentiez,
Ils se repentent.

IMPARFAIT.

Je me repentisse,
Tu te repentisses,
Il se repentît,
Nous nous repentissions,
Vous vous repentissiez,
Ils se repentissent.

PRÉTÉRIT.

Je me sois repenti, *ou* repentie,

Tu te sois repenti, *ou* repentie,
Il se soit repenti, *ou* elle se soit repentie,
Nous nous soyons repentis, *ou* repenties,
Vous vous soyez repentis, *ou* repenties,
Ils se soient repentis, *ou* elles se soient repenties.

PLUSQUE-PARFAIT.

Je me fusse repenti, *ou* repentie,
Tu te fusses repenti, *ou* repentie,
Il se fût repenti, *ou* elle se fût repentie,
Nous nous fussions repentis, *ou* repenties,
Vous vous fussiez repentis, *ou* repenties,
Ils se fussent repentis, *ou* elles se fussent repenties.

INFINITIF.

PRÉSENT.

Se repentir.

PRÉTÉRIT.

S'être repenti, *ou* repentie.

FUTUR.

Devant se repentir.

PARTICIPE PRÉSENT.

Se repentant.

PARTICIPE PASSÉ.

Repenti.
Il n'est point d'usage.

CONJUGAISON

DE QUELQUES VERBES IRRÉGULIERS.

ALLER.

INDICATIF.

PRÉSENT.

Je vais,
Tu vas,
Il va,
Nous allons,
Vous allez,
Ils vont.

IMPARFAIT.

J'allois.

PRÉTÉRIT DÉFINI.

J'allai.

PRÉTÉRIT INDÉFINI.

Je suis allé, *ou* allée,
Tu es allé, *ou* allée,
Il est allé, *ou* elle est allée,
Nous sommes allés, *ou* allées,
Vous êtes allés, *ou* allées,
Ils sont allés, *ou* elles sont allées.

PRÉTÉRIT ANTÉRIEUR.

Je fus allé, *ou* allée.

PLUSQUE-PARFAIT.

J'étois allé, *ou* allée.

On dit aussi : *J'ai été, j'eus été, j'avois été,* en observant que le participe *été* est invariable.

FUTUR SIMPLE.

J'irai,
Tu iras,
Il ira,
Nous irons,
Vous irez,
Ils iront.

FUTUR PASSÉ.

Je serai allé, *ou* j'aurai été.

CONDITIONNEL.

PRÉSENT.

J'irois,
Tu irois,
Il iroit,
Nous irions,
Vous iriez,
Ils iroient.

PASSÉ.

Je serois allé, *ou* j'aurois été.

IMPÉRATIF.

Va,
Qu'il aille,
Allons,
Allez,
Qu'ils aillent.

SUBJONCTIF.

PRÉSENT.

J'aille.

IMPARFAIT.

J'allasse.

PRÉTÉRIT.

Je sois allé, *ou* j'aye été.

PLUSQUE-PARFAIT.

Je fusse allé, *ou* j'eusse été.

INFINITIF.

PRÉSENT.

Aller.

3*

PRÉTÉRIT.

Être allé, *ou* avoir été.

FUTUR.

Devant aller.

GÉRONDIF.

En allant.

PARTICIPE PRÉSENT.

Allant.

Il est invariable.

PARTICIPE PASSÉ.

Allé.

Il est variable.

VENIR.

INDICATIF.

PRÉSENT.

Je viens,
Tu viens,
Il vient,
Nous venons,
Vous venez,
Ils viennent.

L'imparfait est régulier.

PRÉTÉRIT DÉFINI.

Je vins,
Tu vins,
Il vint,
Nous vînmes,

Vous vîntes,
Ils vinrent.

PRÉTÉRIT INDÉFINI.

Je suis venu, *ou* venue,
Nous sommes venus,
ou venues.

PRÉTÉRIT ANTÉRIEUR.

Je fus venu, *ou* venue.

PLUSQUE-PARFAIT.

J'étois venu, *ou* venue.

FUTUR SIMPLE.

Je viendrai,
Tu viendras,

Il viendra,
Nous viendrons,
Vous viendrez,
Ils viendront.

FUTUR PASSÉ.

Je serai venu, *ou* venue.

CONDITIONNEL.

PRÉSENT.

Je viendrois.

PASSÉ.

Je serois venu.

IMPÉRATIF.

Viens,
Qu'il vienne,
Venons,
Venez,
Qu'ils viennent.

SUBJONCTIF.

PRÉSENT.

Je vienne,
Tu viennes,
Il vienne,
Nous venions,
Vous veniez,
Ils viennent.

IMPARFAIT.

Je vinsse,

Tu vinsses,
Il vînt,
Nous vinssions,
Vous vinssiez,
Ils vinssent.

PRÉTÉRIT.

Je sois venu, *ou* venue.

PLUSQUE-PARFAIT.

Je fusse venu *ou* venue.

INFINITIF.

PRÉSENT.

Venir.

PRÉTÉRIT.

Être venu.

FUTUR.

Devant venir.

PARTICIPE PRÉSENT.

Venant.

Invariable.

PARTICIPE PASSÉ.

Venu.

Variable.

S'ASSEOIR.

INDICATIF.

PRÉSENT.

Je m'assieds,
Tu t'assieds,
Il s'assied ;
Nous nous asseyons,
Vous vous asseyez,
Ils s'asseyent.

IMPARFAIT.

Je m'asseyois,
Tu t'asseyois,
Il s'asseyoit,
Nous nous asseyions,
Vous vous asseyiez,
Ils s'asseyoient.

PRÉTÉRIT DÉFINI.

Je m'assis,
Tu t'assis,
Il s'assit,
Nous nous assîmes,
Vous vous assîtes,
Ils s'assirent.

PRÉTÉRIT INDÉFINI.

Je me suis assis,
Tu t'es assis,
Il s'est assis,

Nous nous sommes assis,
Vous vous êtes assis,
Ils se sont assis.

PRÉTÉRIT ANTÉRIEUR.

Je me fus assis,
Tu te fus assis,
Il se fut assis,
Nous nous fûmes assis,
Vous vous fûtes assis,
Ils se furent assis.

PLUSQUE-PARFAIT.

Je m'étois assis,
Tu t'étois assis,
Il s'étoit assis,
Nous nous étions assis,
Vous vous étiez assis,
Ils s'étoient assis.

FUTUR SIMPLE.

Je m'assiérai,
Tu t'assiéras,
Il s'assiéra,
Nous nous assiérons,
Vous vous assiérez,
Ils s'assiéront.

FUTUR PASSÉ.

Je me serai assis,

Tu te seras assis,
Il se sera assis,
Nous nous serons assis,
Vous vous serez assis,
Ils se seront assis.

CONDITIONNEL.

PRÉSENT.

Je m'assiérois, *ou je* m'asseyerois,
Tu t'assiérois, *ou tu* t'asseyerois,
Il s'assiéroit, *ou il* s'asseyeroit,
Nous nous asseyerions,
Vous vous asseyeriez,
Ils s'assiéroient, *ou ils* s'asseyeroient.

PASSÉ.

Je me serois assis,
Tu te serois assis,
Il se seroit assis,
Nous nous serions as-
sis,
Vous vous seriez assis,
Ils se seroient assis.

IMPÉRATIF.

Point de première personne.

Assieds-toi,
Qu'ils s'asseye,

Asseyons-nous,
Asseyez-vous,
Qu'ils s'asseyent.

SUBJONCTIF.

PRÉSENT.

Je m'asseye,
Tu t'asseyes,
Il s'asseye,
Nous nous asseyions,
Vous vous asseyiez,
Ils s'asseyent.

IMPARFAIT.

Je m'assise,
Tu t'assises,
Il s'assît,
Nous nous assisions,
Vous vous assisiez,
Ils s'assissent.

PRÉTÉRIT.

Je me sois assis,
Tu te sois assis,
Il se soit assis,
Nous nous soyons assis,
Vous vous soyez assis,
Ils se soient assis.

PLUSQUE-PARFAIT.

Je me fusse assis,
Tu te fusses assis,

Il se fût assis,
Nous nous fussions assis,
Vous vous fussiez assis,
Ils se fussent assis.

INFINITIF.

PRÉSENT.

S'asseoir.

PRÉTÉRIT.

S'être assis.

FUTUR.

Devant s'asseoir.

PARTICIPE PRÉSENT.

S'asseyant.

N. B. On peut dispenser les plus jeunes enfans d'apprendre ces verbes irréguliers, surtout le dernier.

FAIRE.

INDICATIF.

PRÉSENT.

Je fais,
Tu fais,
Il fait,
Nous faisons,
Vous faites,
Ils font.

IMPARFAIT.

Je faisois.

PRÉTÉRIT DÉFINI.

Je fis,
Tu fis,
Il fit,
Nous fîmes,
Vous fîtes,
Ils firent.

PRÉTÉRIT INDÉFINI.

J'ai fait.

PRÉTERIT ANTÉRIEUR.

J'eus fait.

PLUSQUE-PARFAIT.

J'avois fait.

FUTUR SIMPLE.

Je ferai.

FUTUR PASSÉ.

J'aurai fait.

CONDITIONNEL.

PRÉSENT.

Je ferois.

PASSÉ.

J'aurois fait.

IMPÉRATIF.

Fais,
Qu'il fasse,
Faisons,
Faites,
Qu'ils fassent.

SUBJONCTIF.

PRÉSENT.

Je fasse.

IMPARFAIT.

Je fisse.

PRÉTÉRIT.

J'aye fait.

PLUSQUE-PARFAIT.

J'eusse fait.

INFINITIF.

PRÉSENT.

Faire.

PRÉTÉRIT.

Avoir fait.

FUTUR.

Devant faire.

PARTICIPE PRÉSENT.

Faisant.
Il est invariable.

PARTICIPE PASSÉ.

Fait.
Il est variable.

CONJUGAISON

DES VERBES IMPERSONNELS.

INDICATIF.

Présent. . . . . Il faut.
Imparfait. . . . . Il falloit.
Prétérit défini. . . . . Il fallut.
Prétérit indéfini. . . . . Il a fallu.
Prétérit antérieur. . . . . Il eut fallu.
Plusque-parfait. . . . . Il avoit fallu.
Futur simple. . . . . Il faudroit.
Futur passé. . . . . Il aura fallu.

CONDITIONNEL.

Présent. . . . . Il faudroit.
Passé. . . . . Il auroit fallu.

SUBJONCTIF.

Présent. . . . . Il faille.
Imparfait . . . . Il fallût.
Prétérit. . . . . Il ait fallu.
Plusque-parfait. . . . . Il eût fallu.

INFINITIF.

Présent. . . . . Falloir.

TITRE XV.

Règles sur l'emploi des temps du subjonctif.

D. Qu'y a-t-il à observer sur l'emploi du subjonctif?

R. Beaucoup de Français emploient mal les temps du subjonctif, parce qu'ils n'ont jamais étudié attentivement les règles de la Grammaire à cet égard.

D. Quelles sont ces règles ?

R. Il y a deux règles principales sur cet objet; les voici :

1°. Après le présent et le futur de l'indicatif, on se sert *ordinairement* du présent du subjonctif; Exemples : *il faut que vous soyez aussi crédule que vous l'êtes, pour supposer de la bonne foi à des fripons reconnus. On veut que j'aille à Rome. Mon ami exigera que je fasse encore des démarches.*

2°. Après tous les prétérits de l'indicatif et les temps conditionnels, on se sert *ordinairement* de l'imparfait du subjonctif ; Exemples : *il falloit que* je fusse *prévenu. On a voulu que* je fisse *cette visite. Je désirerois que* vous pussiez *m'obliger. Ils auroient souhaité que* nous finissions *mieux.* (Voyez les exceptions dans la *Grammaire de l'Adolescence*).

TITRE XVI.

Des participes.

D. Combien y a-t-il de participes ?

R. On distingue deux espèces de participes : le participe présent, comme *aimant, punissant, recevant, rendant ;* et le participe passé, comme *aimé, puni, reçu, rendu.*

D. Pourquoi les participes sont-ils ainsi appelés ?

R. Les participes sont ainsi appelés,

parce qu'ils participent à la nature du verbe et à celle de l'adjectif. Ils ont, en effet, la signification des verbes dont ils dérivent, et sont souvent ajoutés à des noms ou des pronoms comme les adjectifs.

D. Quel est le principe fondamental qui peut tenir lieu d'une règle unique sur l'emploi des participes ?

R. Voici un principe infaillible sur cet objet épineux : le participe est invariable quand il tient plus du verbe que de l'adjectif, et il est variable quand il tient plus de l'adjectif que du verbe.

D. Le participe présent est-il toujours invariable ?

R. Le participe présent est toujours invariable ; ainsi l'on dit et l'on écrit : *Un homme parlant et écrivant bien. Une femme parlant et écrivant bien. Des hommes parlant et écrivant bien. Des femmes parlant et écrivant bien.*

D. Le participe passé précédant son régime, n'est-il pas aussi invariable ?

R. Le participe passé est invariable quand il précède son régime. Ainsi on écrit : *j'ai reçu votre billet ; j'ai reçu votre lettre ; j'ai reçu vos billets ; j'ai reçu vos lettres.*

D. Le participe passé est-il variable quand il suit son régime ?

R. Le participe passé est variable quand il suit son régime, c'est-à-dire qu'il faut alors le faire accorder en genre et en nombre avec ce régime. Ainsi l'on écrit : *le billet que j'ai* reçu ; *la lettre que j'ai* reçue ; *les billets que j'ai* reçus ; *les lettres que j'ai* reçues.

TITRE XVII.

Des adverbes.

D. En combien de classes peut-on distribuer les adverbes ?

R. Comme les adverbes expriment ou la manière, ou l'ordre, ou le temps, ou le lieu, ou la quantité, ou quelque comparaison, on peut les distribuer en six classes.

D. Quels sont les *adverbes de manière ?*

R. Les principaux adverbes de manière sont : *sincèrement, équitablement, humainement, mal, bien, parfaitement...*

D. Quels sont les *adverbes d'ordre ?*

R. Les adverbes d'ordre sont : *premièrement, secondement, d'abord, ensuite, enfin...*

D. Quels sont les *adverbes de lieu ?*

R. Les adverbes de lieu sont : *ici, là, en-deçà, au-delà, où, partout.*

D. Quels sont les *adverbes de temps ?*

R. Les adverbes de temps sont : *hier, aujourd'hui, demain, autrefois, maintenant, bientôt, souvent, toujours, jamais....*

D. Quels sont les *adverbes de quantité ?*

R. Les adverbes de quantité sont : *peu, beaucoup, assez, trop, davantage....*

D. Quels sont les *adverbes de comparaison ?*

D. Les adverbes de comparaison sont : *plus, moins, aussi....*

3**

TITRE XVIII.

Des prépositions.

D. Quelles sont les principales prépositions françaises ?

R. Les quarante principales prépositions sont employées dans les phrases suivantes, dont chacune renferme une maxime utile.

EXEMPLES.

1. Attachez-vous *à* la vérité.
2. Défiez-vous *de* tout homme faux.
3. N'agissez jamais *par* caprice.
4. L'honnête homme est toujours disposé à mourir *pour* la justice.
5. Ne faites rien *contre* votre patrie.
6. Tâchez de n'avoir *autour* de vous que des personnes sages.
7. Veillez *sur* vos penchans pour les contenir dans l'ordre.
8. Aimez la justice *par-dessus* tout.

9. On n'est heureux que *sous* l'empire de la vertu.

10. Faites vos affaires *avant* celles des autres.

11. Ne dites rien d'important *devant* des indiscrets.

12. Ne courez pas *après* les honneurs.

13. Quand on est dans le chemin de la vertu, il ne faut pas regarder *derrière* soi.

14. Ne prenez aucune résolution *dans* la colère.

15. Si vous êtes *en* place, faites le bien de tous ceux qui dépendent de vous.

16. Levez souvent les yeux *vers* le ciel.

17. Résistez à vos passions *dès* leur naissance.

18. Chacun doit être maître *chez* soi.

19. Les plus grands hommes ont quelque défaut *parmi* d'excellentes qualités.

20. Toute vertu est *entre* deux vices.

21. Occupez-vous utilement *depuis* le matin jusqu'au soir.

22. La patience est nécessaire dans tou-

tes les conditions, et *jusque* sur le trône.

23. Ne souffrez pas que la dépravation des mœurs étende ses ravages *jusques* à vous.

24. Il faut avoir fait du bien *durant* la vie pour être loué après la mort.

25. C'est surtout *pendant* la jeunesse qu'il faut contracter de bonnes habitudes.

26. Sachez vivre *avec* vos amis et vos ennemis, *avec* les bons et les méchans.

27. On ne peut être vertueux *sans* l'amour de la vérité, de l'équité et de l'humanité.

28. Celui qui n'est pas indulgent *à l'égard* des autres, ne mérite aucune indulgence.

29. Soyez généreux *envers* tout le monde.

30. Usez des plaisirs comme des remèdes, *attendu* le danger des excès.

31. Assistez l'indigent *selon* vos facultés.

32. Conduisez-vous *suivant* les maximes de la sagesse.

33. Osez, quand il le faut, vous distin-

guer du vulgaire, *malgré* l'envie et la calomnie.

34. Les hommes s'entassent souvent dans les grandes villes, *en dépit de* la nature et de leurs intérêts les plus chers.

35. Quand on s'est familiarisé avec le vice, on s'y plonge, *nonobstant* toutes les représentations de ses vrais amis.

36. Tout homme qui a un bon esprit, peut devenir savant, *moyennant* l'étude.

37. L'avarice interdit les plus douces jouissances à ceux qui en sont esclaves, *outre* qu'elle les rend odieux, et souvent injustes.

38. Si vous êtes *hors* de l'ordre qui vous convient, rentrez-y promptement.

39. Eussiez-vous tout perdu, *hormis* l'innocence, vous ne devez jamais vous laisser abattre par la tristesse.

40. La mort nous enlève tout, *excepté* le mérite de nos bonnes œuvres.

Remarque. On ne se sert pas indifféremment des prépositions *au travers* et *à*

travers. On dit : *au travers de l'armée*, et
à travers l'armée.

~~~~~~

TITRE XIX.

Des conjonctions.

D. En quoi la conjonction diffère-t-elle
de la préposition ?

R. La conjonction sert à joindre des
phrases ; la préposition ne joint que des
mots ; c'est en cela surtout qu'elle diffère
de la conjonction.

D. Peut-on se servir indifféremment
de l'indicatif et du subjonctif après les conjonctions ?

R. Il y a des conjonctions qui veulent
après elles l'indicatif, et d'autres qui exigent
le subjonctif.

D. Quelles sont les conjonctions qui
veulent après elles le verbe à l'indicatif?

R. *Attendu que, après que, aussitôt*
~~~~~~

que, *dès que, lorsque, parce que, puis-*
que, si, vu que, etc., veulent le verbe qui
les suit à l'indicatif.

D. Quelles sont les conjugaisons qui
exigent le verbe suivant au subjonctif?

R. Avant que, afin que, à moins que,
en cas que, bien loin que, de peur que,
encore que, jusqu'à ce que, quoique,
pourvu que, soit que, supposé que, etc.,
veulent le verbe au subjonctif.

TITRE XX.

Des interjections.

D. Qu'est-ce qui distingue l'interjection des autres parties du discours?

R. Ce qui distingue les interjections des
autres parties du discours, c'est qu'elles n'expriment rien qui soit hors de nous; ce sont
seulement des voix plus naturelles qu'arti-
ficielles, qui marquent les mouvemens in-
délibérés de notre âme.

D. Est-il bon de faire souvent usage des interjections?

R. Il ne faut pas que les interjections soient trop fréquentes dans le discours.

D. Quels sont les mouvemens de l'âme que les interjections expriment?

R. Les interjections expriment les divers mouvemens de l'âme; il y en a de joie : *ah! bon!* Il y en a de douleur: *aye!* Il y en a de tristesse et de compassion : *hélas! eh!* Il y en a d'étonnement : *ah!* Il y en a de mépris et d'aversion : *fi! fi donc!* Il y en a d'admiration : *oh!* etc.

FIN.

TABLE.

Pages.

FIN DE LA TABLE.

9 782014 067606